Impressum
Verlag: BABADADA GmbH, Nedderfeld 112 , 22529 Hamburg
Geschäftsführer / Verlagsleitung: Harald Hof
Druck: Books on Demand GmbH, In de Tarpen 42, 22848 Norderstedt

Imprint
Publisher: BABADADA GmbH, Nedderfeld 112 , 22529 Hamburg, Germany
Managing Director / Publishing direction: Harald Hof
Print: Books on Demand GmbH, In de Tarpen 42, 22848 Norderstedt, Germany

# škola
# kool

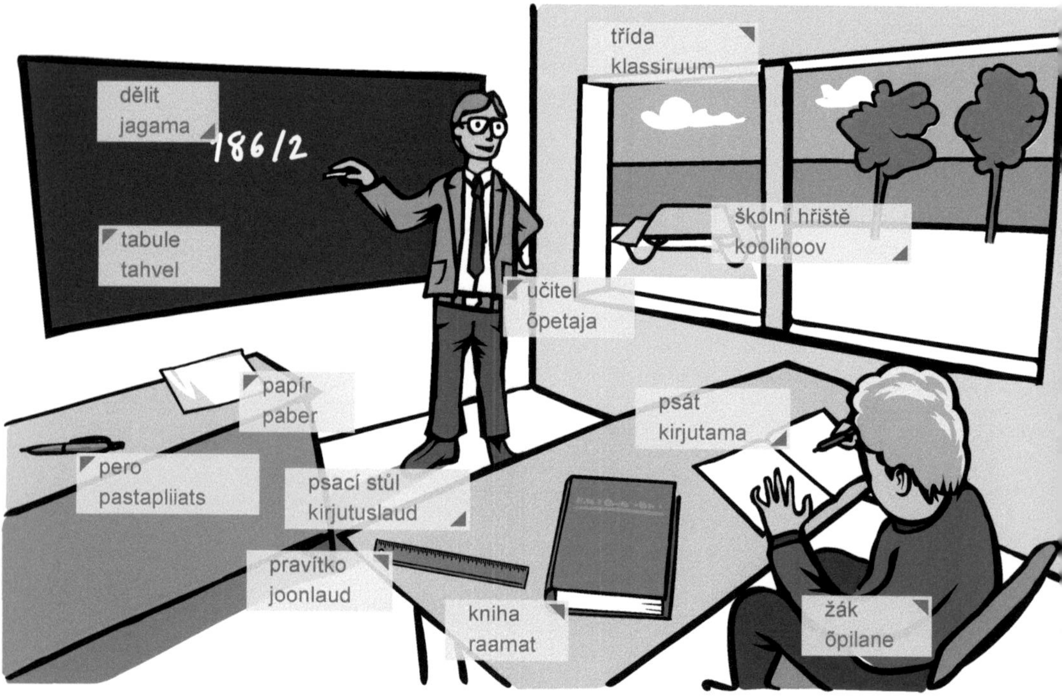

třída
klassiruum
dělit
jagama
186/2
tabule
tahvel
školní hřiště
koolihoov
učitel
õpetaja
papír
paber
psát
kirjutama
pero
pastapliiats
psací stůl
kirjutuslaud
pravítko
joonlaud
kniha
raamat
žák
õpilane


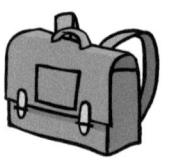

aktovka
koolikott

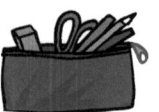

penál
pinal

tužka
harilik pliiats

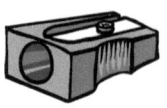

ořezávátko
pliiatsiteritaja

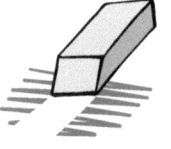

guma
kustukumm

blok na kreslení
joonistusplokk

výkres

joonistus

štětec

pintsel

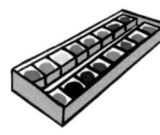

malířské potřeby

värvikarp

nůžky

käärid

lepidlo

liim

cvičebnice

töövihik

domácí úkol

kodutöö

počet

number

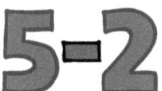

sčítat

liitma

odčítat

lahutama

násobit

korrutama

počítat

arvutama

písmeno

täht

abeceda

tähestik

slovo

sõna

text
tekst

číst
lugema

křída
kriit

hodina
koolitund

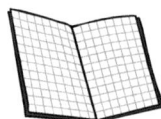

třídní kniha
klassipäevik

zkouška
eksam

vysvědčení
tunnistus

školní uniforma
koolivorm

vzdělání
haridus

encyklopedie
entsüklopeedia

univerzita
ülikool

mikroskop
mikroskoop

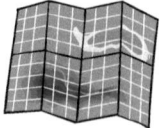

karta
kaart

odpadkový koš na papír
paberikorv

# cesta
# reisimine

hotel
hotell
Grand
ubytovna
hostel
ROOMS
směnárna
valuutavahetuspunkt
kufr
kohver
auto
auto

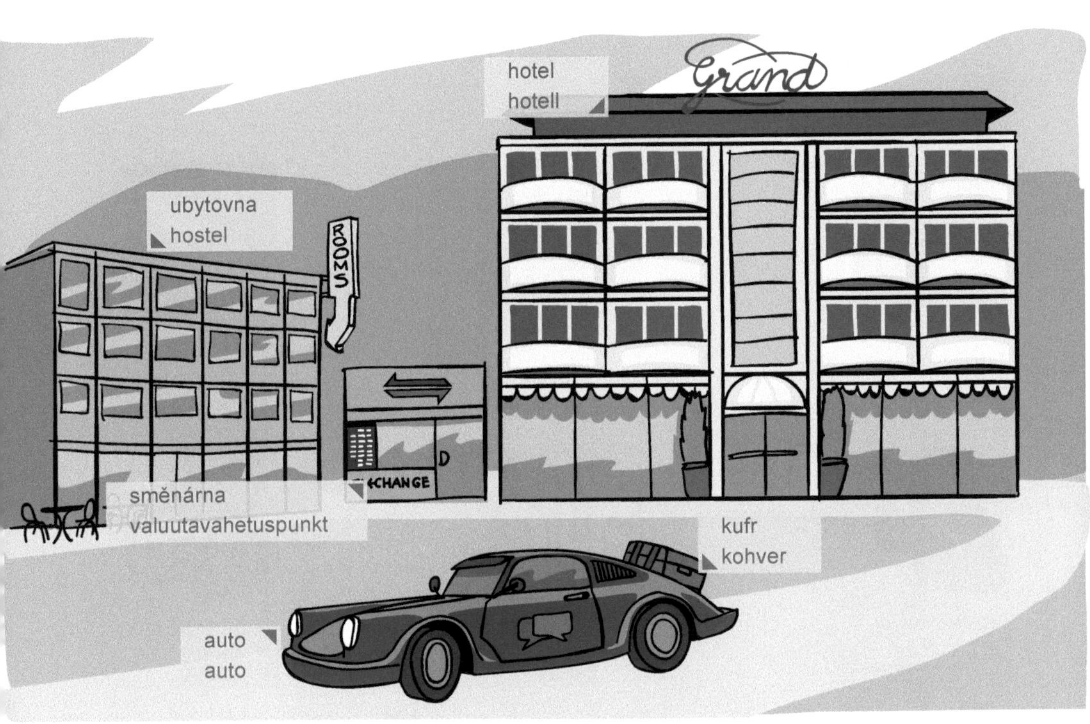

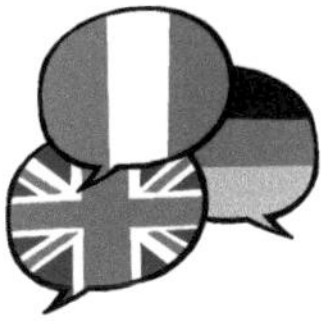

jazyk
keel

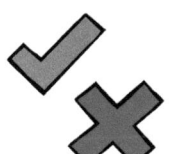

ano / ne
jah / ei

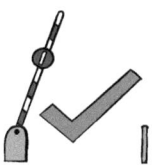

oukej
okei

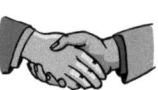

Ahoj!
Tere!

překladatel
tõlk

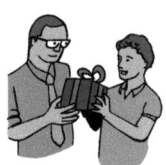

děkuji
Aitäh!

Kolik stojí...?

Kui palju maksab ...?

nerozumím

Ma ei saa aru

problém

probleem

Dobrý večer!

Tere õhtust!

Dobré ráno!

Tere hommikust!

Dobrou noc!

Head ööd!

na shledanou

Head aega!

směr

suund

zavazadlo

pagas

taška

kott

batoh

seljakott

host

külaline

pokoj

tuba

spací pytel

magamiskott

stan

telk

turistické informace

turismiinfo

pláž

rand

kreditní karta

krediitkaart

snídaně

hommikusöök

oběd

lõunasöök

večeře

õhtusöök

jízdenka

pilet

výtah

lift

poštovní známka

postmark

hranice

riigipiir

clo

toll

poselství

saatkond

vízum

viisa

pas

pass

# transport
# transport

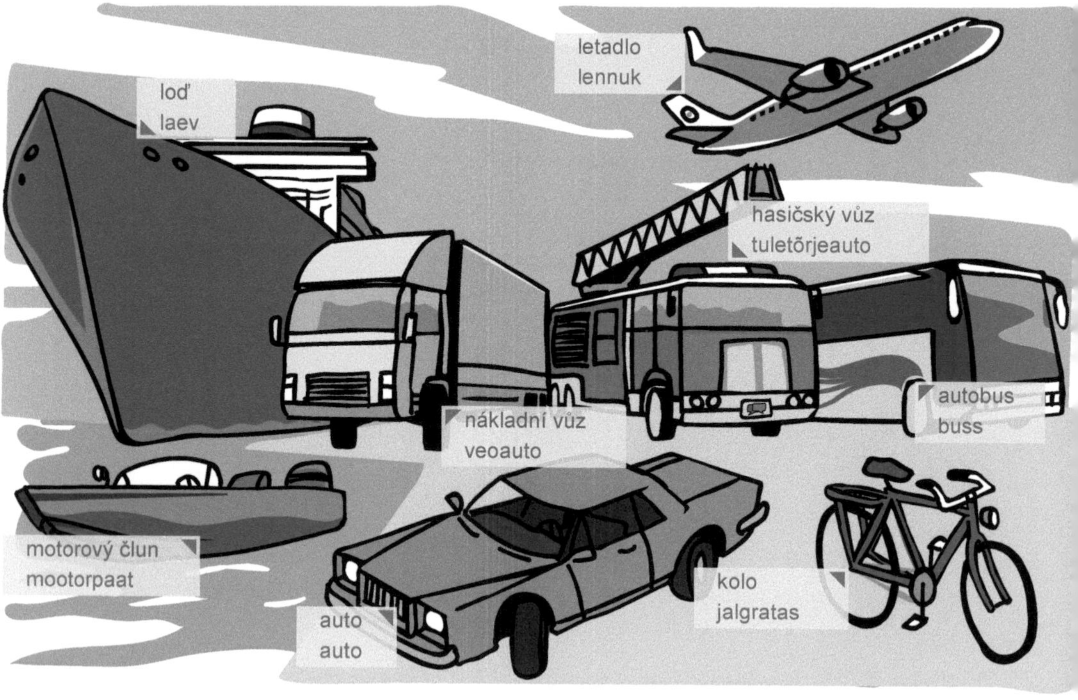

letadlo
lennuk
loď
laev
hasičský vůz
tuletõrjeauto
autobus
buss
nákladní vůz
veoauto
motorový člun
mootorpaat
kolo
jalgratas
auto
auto


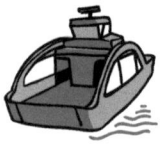

přívoz
praam

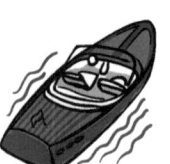

člun
paat

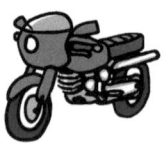

motorka
mootorratas

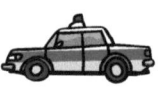

policejní auto
politseiauto

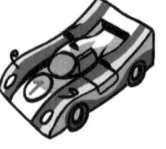

závodní auto
võidusõiduauto

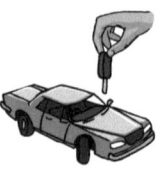

pronajaté auto
rendiauto

sdílení aut

ühisauto

odtahová služba

puksiirauto

popelářský vůz

prügiauto

motor

mootor

palivo

kütus

čerpací stanice

tankla

dopravní značka

liiklusmärk

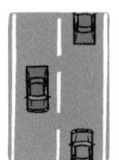

doprava

liiklus

dopravní zácpa

liiklusummik

parkoviště

parkla

vlakové nádraží

raudteejaam

koleje

rööpad

vlak

rong

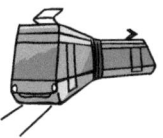

tramvaj

tramm

vagón

vagun

helikoptéra

helikopter

letiště

lennujaam

věž

torn

pasažér

reisija

kontejner

konteiner

kartón

pappkast

trakař

käru

koš

korv

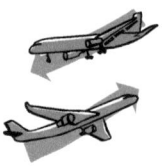

vzlétnout / přistát

õhku tõusma / maanduma

# město

# linn

vesnice

küla

střed města

kesklinn

dům

maja

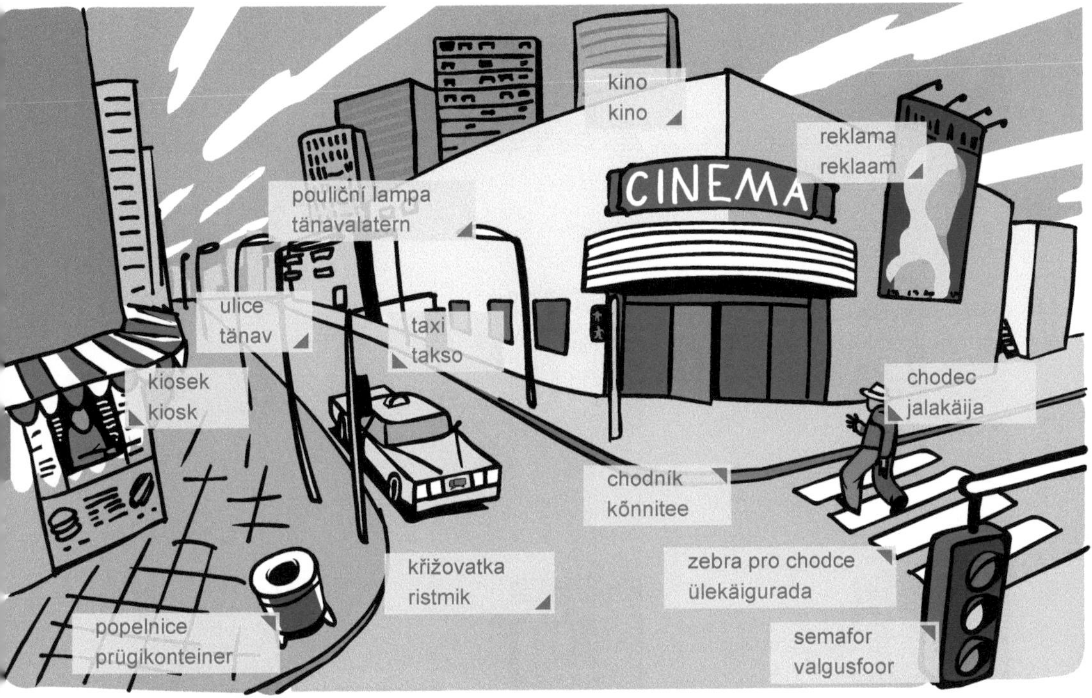

kino
kino

reklama
reklaam

pouliční lampa
tänavalatern

ulice
tänav

taxi
takso

kiosek
kiosk

chodec
jalakäija

chodník
kõnnitee

křižovatka
ristmik

zebra pro chodce
ülekäigurada

popelnice
prügikonteiner

semafor
valgusfoor

chata
osmik

byt
kortermaja

vlakové nádraží
raudteejaam

radnice
raekoda

muzeum
muuseum

škola
kool

univerzita

ülikool

banka

pank

nemocnice

haigla

hotel

hotell

lékárna

apteek

kancelář

kontor

knihkupectví

raamatupood

obchod

kauplus

květinářství

lillepood

supermarket

supermarket

tržnice

turg

obchodní dům

kaubamaja

rybárna

kalapood

nákupní centrum

kaubanduskeskus

přístav

sadam

park
park

lavička
pink

most
sild

schody
trepp

metro
metroo

tunel
tunnel

autobusová zastávka
bussipeatus

bar
baar

restaurace
restoran

poštovní schránka
postkast

pouliční tabule
tänavasilt

parkovací hodiny
parkimisautomaat

zoo
loomaaed

plovárna
ujula

mešita
mošee

usedlost
talu

znečišťování životního prostředí
reostus

hřbitov
surnuaed

církev
kirik

hřiště
mänguväljak

chrám
tempel

## krajina
## maastik

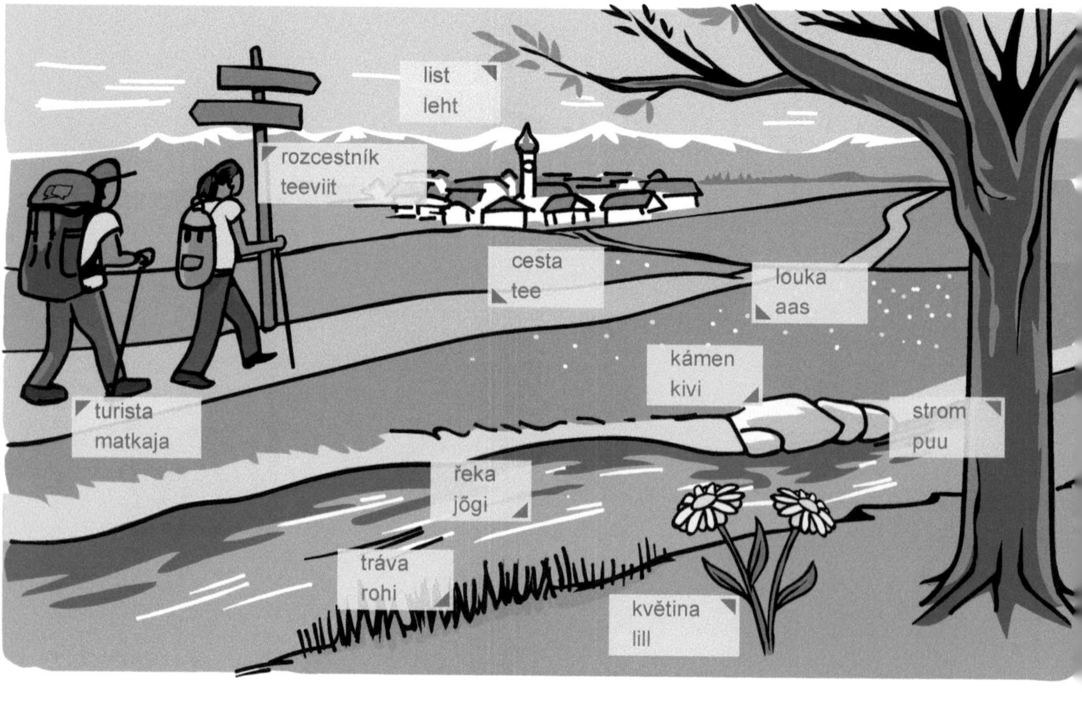

list
leht

rozcestník
teeviit

cesta
tee

louka
aas

kámen
kivi

turista
matkaja

strom
puu

řeka
jõgi

tráva
rohi

květina
lill

údolí
org

hora
mägi

jezero
järv

les
mets

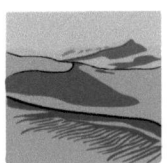

poušť
kõrb

sopka
vulkaan

zámek
linnus

duha
vikerkaar

houba
seen

palma
palm

komár
sääsk

moucha
kärbes

mravenec
sipelgas

včela
mesilane

pavouk
ämblik

krajina - maastik

15

brouk
mardikas

žába
konn

veverka
orav

ježek
siil

zajíc
jänes

sova
öökull

pták
lind

labuť
luik

divoké prase
metssiga

jelen
hirv

los
põder

přehrada
pais

větrné kolo
tuuleturbiin

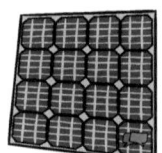

solární panel
päikesepaneel

podnebí
kliima

# restaurace

# restoran

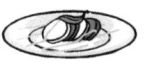

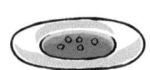

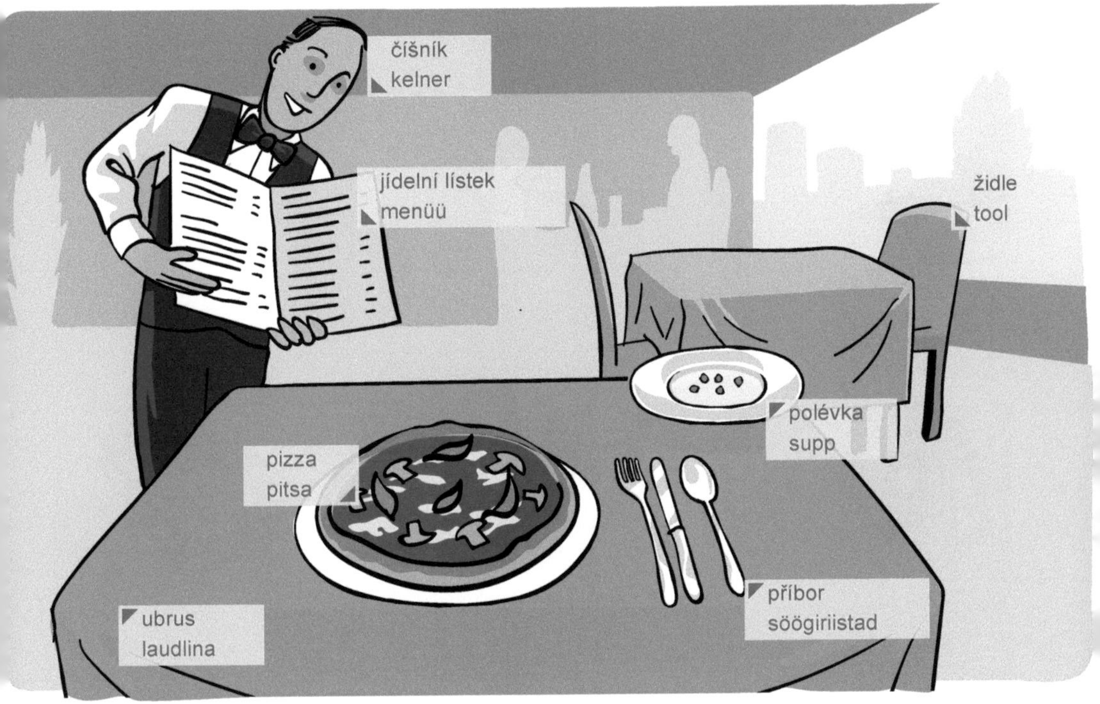
číšník
kelner
jídelní lístek
menüü
židle
tool
polévka
supp
pizza
pitsa
příbor
söögiriistad
ubrus
laudlina

předkrm
eelroog

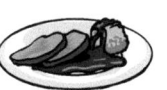

hlavní chod
pearoog

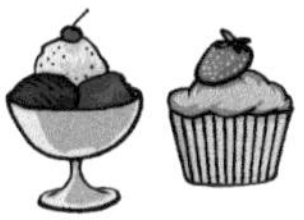

dezert
magustoit

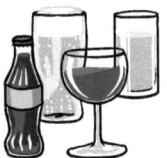

nápoje
joogid

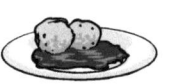

jídlo
toit

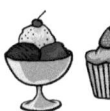

láhev
pudel

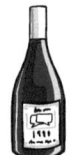

rychlé občerstvení

kiirtoit

pouliční občerstvení

tänavatoit

čajová konvice

teekann

cukřenka

suhkrutoos

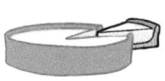

porce

portsjon

kávovar na espresso

espressomasin

dětská stolička

lastetool

faktura

arve

tác

kandik

nůž

nuga

vidlička

kahvel

lžíce

lusikas

čajová lyžička

teelusikas

ubrousek

salvrätik

sklenička

klaas

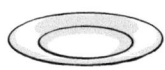

talíř
taldrik

talíř na polévku
supitaldrik

podšálek
alustass

omáčka
kaste

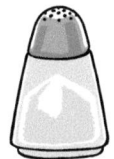

slánka
soolatoos

mlýnek na pepř
pipraveski

ocet
äädikas

olej
õli

koření
vürtsid

kečup
ketšup

hořčice
sinep

majonéza
majonees

# supermarket

supermarket

nabídka
eripakkumine
FOR
zákazník
klient
mléčné výrobky
piimatooted
ovoce
puuviljad
nákupní vozík
ostukäru

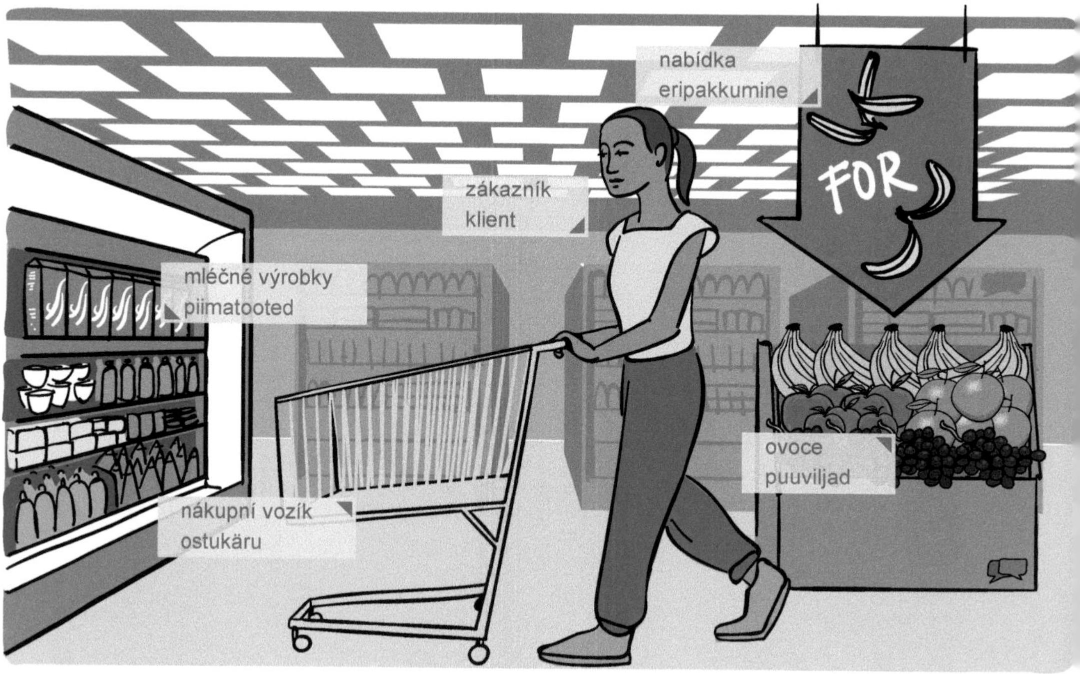

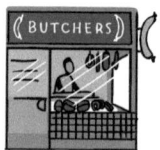

BUTCHERS

masna

lihapood

BAKERY

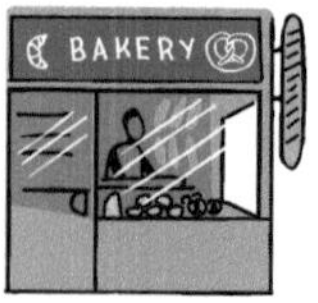

pekařství

pagariäri

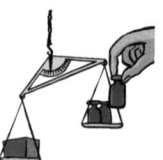

vážit

kaaluma

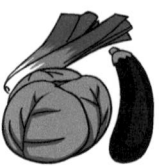

zelenina

köögiviljad

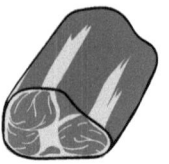

maso

liha

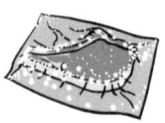

mražené potraviny

külmutatud toit

obložený talíř

lihalõigud

konzervy

konservid

prací prášek

pesupulber

cukrovinky

maiustused

výrobky pro domácnost

majatarbed

čisticí prostředek

puhastustooted

prodavačka

müüja

pokladna

kassaaparaat

pokladní

kassapidaja

nákupní seznam

ostunimekiri

otevírací doba

lahtiolekuajad

peněženka

rahakott

kreditní karta

krediitkaart

taška

kott

igelitová taška

kilekott

voda

vesi

džus

mahl

mléko

piim

kola

koola

víno

vein

pivo

õlu

alkohol

alkohol

kakao

kakao

čaj

tee

káva

kohv

espresso

espresso

kapučíno

cappuccino

banán

banaan

jablko

õun

pomeranč

apelsin

meloun

arbuus

citrón

sidrun

mrkev

porgand

česnek

küüslauk

bambus

bambus

cibule

sibul

houba

seen

ořechy

pähklid

těstoviny

nuudlid

špageti

spagetid

rýže

riis

salát

salat

hranolky

friikartulid

americké brambory

praekartulid

pizza

pitsa

hamburger

hamburger

sendvič

võileib

řízek

šnitsel

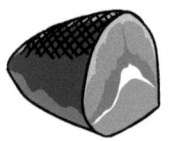

šunka

sink

salám

salaami

salám

vorst

kuře

kana

pečeně

praeliha

ryby

kala

ovesné vločky

kaerahelbed

müsli

müsli

vločky

maisihelbed

mouka

jahu

croissant

sarvesai

houska

kukkel

chléb

leib

toast

röstsai

sušenky

küpsised

máslo

või

tvaroh

kohupiim

buchta

kook

vejce

muna

volské oko

praemuna

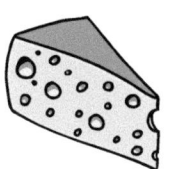

sýr

juust

zmrzlina

jäätis

cukr

suhkur

med

mesi

marmeláda

moos

nugátový krém

pähklivõie

kari

karri

selské stavení
talumaja

balík slámy
heinapall

stodola
laut

pole
põld

kůň
hobune

přívěs
järelkäru

traktor
traktor

hříbě
varss

osel
eesel

ovce
lammas

jehně
lambatall

koza

kits

kráva

lehm

tele

vasikas

prase

siga

sele

põrsas

býk

pull

husa
hani

kachna
part

kuře
tibu

slepice
kana

kohout
kukk

krysa
rott

kočka
kass

myš
hiir

vůl
härg

pes
koer

psí bouda
koerakuut

zahradní hadice
aiavoolik

kropicí konev
kastekann

kosa
vikat

pluh
ader

srp
sirp

motyka
kõblas

vidle
hang

sekera
kirves

kolecko
käru

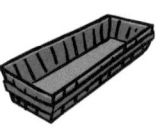

koryto
küna

konev na mléko
piimanõu

pytel
kott

plot
tara

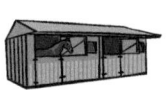

stáj
tall

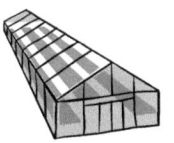

skleník
kasvuhoone

půda
muld

osivo
seeme

hnojivo
väetis

kombajn
kombain

sklidit

saaki koristama

sklizeň

saagikoristus

smldinec

jamss

pšenice

nisu

sója

soja

brambora

kartul

kukuřice

mais

řepka

raps

ovocný strom

viljapuu

maniok

maniokk

obilí

teravili

usedlost - talu

# dům
# maja

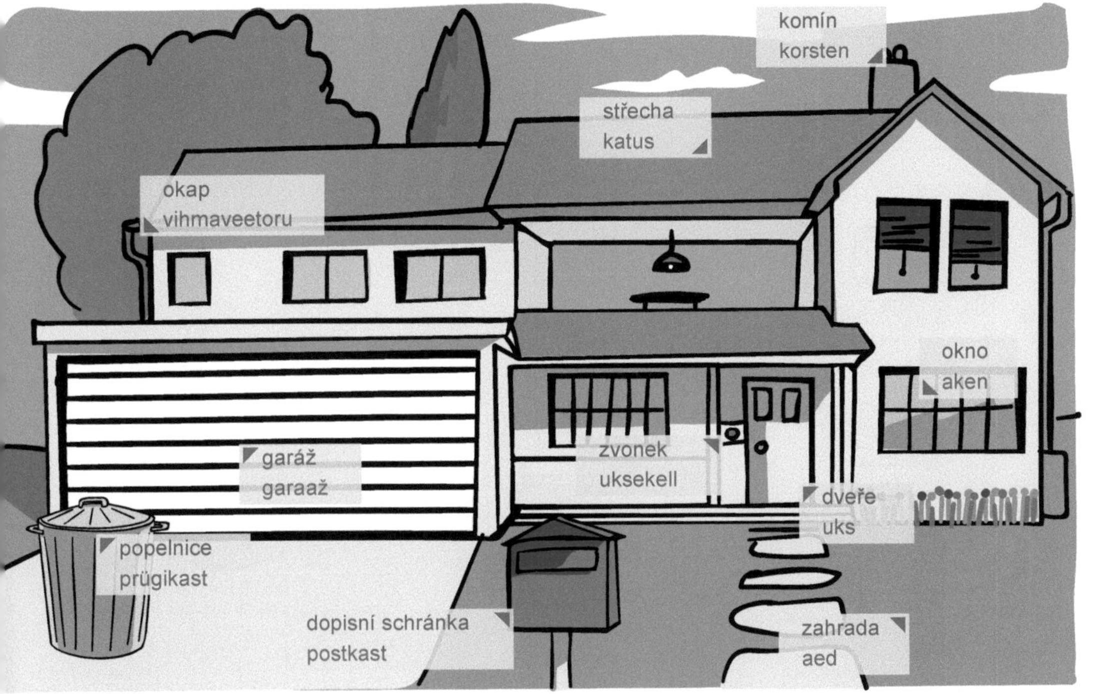
komín
korsten
střecha
katus
okap
vihmaveetoru
okno
aken
zvonek
uksekell
garáž
garaaž
dveře
uks
popelnice
prügikast
dopisní schránka
postkast
zahrada
aed

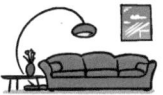

obývací pokoj

elutuba

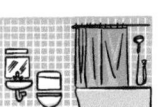

koupelna

vannituba

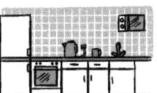

kuchyně

köök

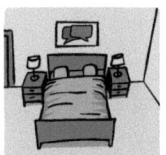

ložnice

magamistuba

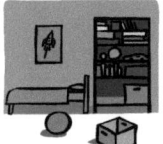

dětský pokoj

lastetuba

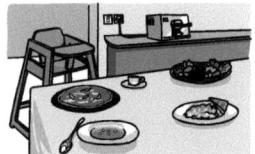

jídelna

söögituba

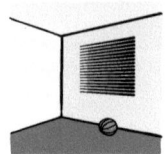

podlaha

põrand

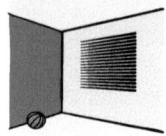

zeď

sein

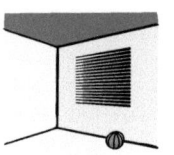

deka

lagi

sklep

kelder

sauna

saun

balkón

rõdu

terasa

terrass

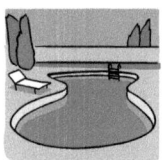

bazén

bassein

sekačka na trávu

muruniiduk

ložní prádlo

voodilina

lůžková přikrývka

päevatekk

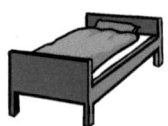

postel

voodi

smeták

luud

kýbl

ämber

vypínač

lüliti

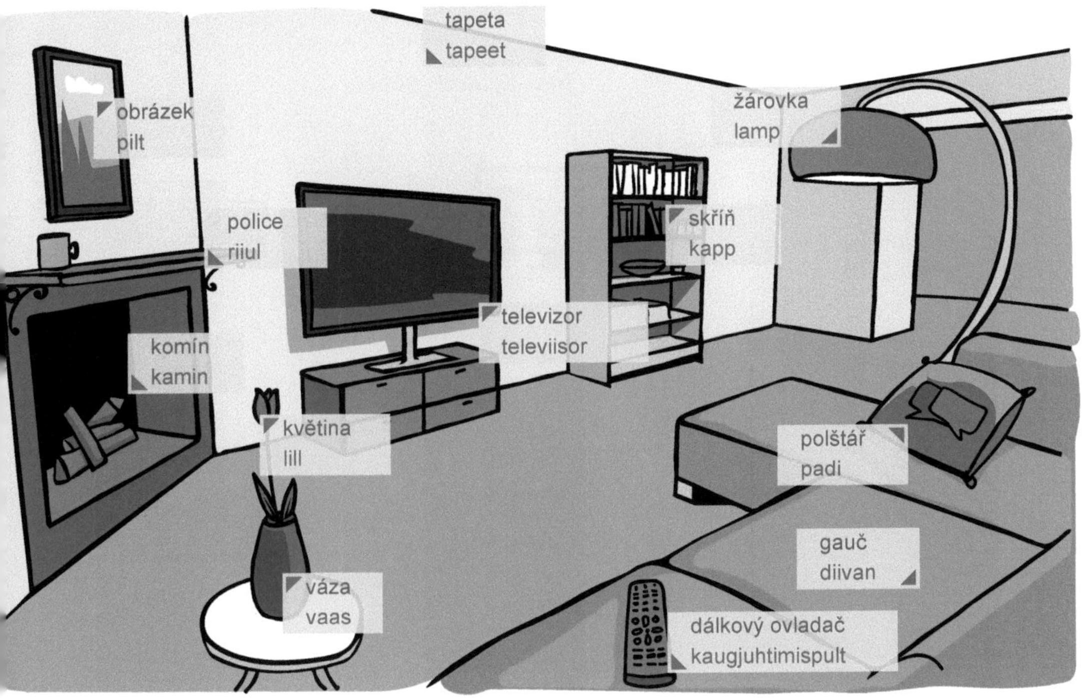

tapeta
tapeet

obrázek
pilt

žárovka
lamp

police
riiul

skříň
kapp

komín
kamin

televizor
televiisor

květina
lill

polštář
padi

gauč
diivan

váza
vaas

dálkový ovladač
kaugjuhtimispult

koberec
vaip

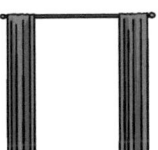

závěs
kardin

stůl
laud

židle
tool

houpací křeslo
kiiktool

křeslo
tugitool

kniha

raamat

strop

tekk

ozdoba

kaunistus

palivové dříví

küttepuud

film

film

stereo souprava

helisüsteem

klíč

võti

noviny

ajaleht

malba

maal

plakát

plakat

rádio

raadio

poznámkový blok

märkmik

vysavač

tolmuimeja

kaktus

kaktus

svíce

küünal

# kuchyně
# köök

chladnička
külmik
mikrovlnná trouba
mikrolaineahi
kuchyňská váha
köögikaal
toustovač
röster
čisticí prostředek
pesuvahend
trouba
ahi
mraznička
sügavkülmik
popelnice
prügikast
myčka nádobí
nõudepesumasin

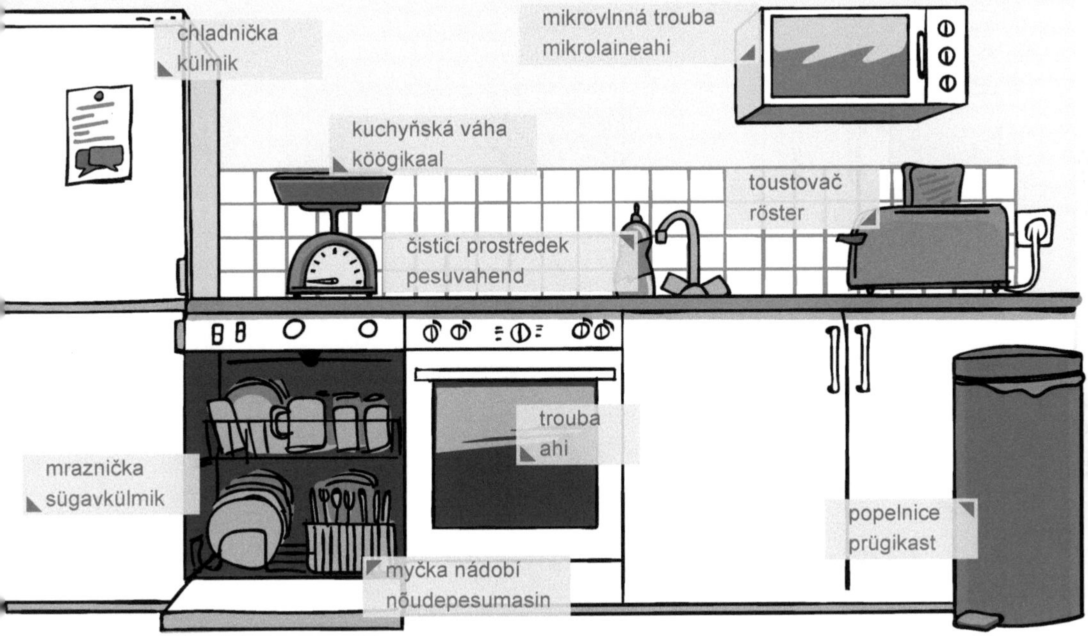

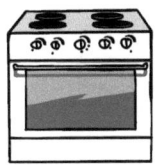

sporák
pliit

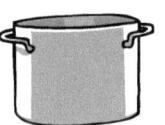

hrnec
pott

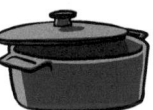

litinový hrnec
malmpott

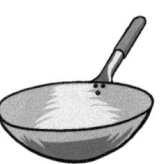

wok / kadai
vokkpann

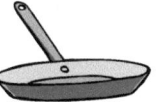

pánev
pann

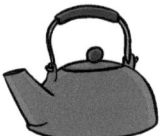

varná konvice
veekeetja

parní hrnec

aurutaja

plech na pečení

küpsetusplaat

nádobí

lauanõud

hrnek

kruus

miska

kauss

jídelní hůlky

söögipulgad

naběračka

kulp

obracečka

pannilabidas

metla

vispel

síto

kurn

cedník

sõel

struhadlo

riiv

hmoždíř

uhmer

gril

grill

ohniště

lahtine tuli

prkénko na krájení

lõikelaud

váleček na těsto

tainarull

vývrtka

korgitser

dóza

konservipurk

otvírák na konzervy

konserviavaja

chňapka

pajakinnas

umyvadlo

kraanikauss

kartáč na nádobí

hari

houba

pesukäsn

mixér

kannmikser

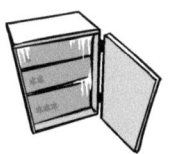

mrazák

sügavkülmuti

dětská lahev

lutipudel

kohoutek

segisti

kuchyně - köök

# koupelna
# vannituba

topení
küte
sprcha
dušš
ručník
käterätik
sprchový závěs
dušikardin
pěnová koupel
mullivann
vana
vann
sklenička
klaas
pračka
pesumasin
kohoutek
segisti
obkladačky
plaadid
nočník
pissipott
umyvadlo
kraanikauss

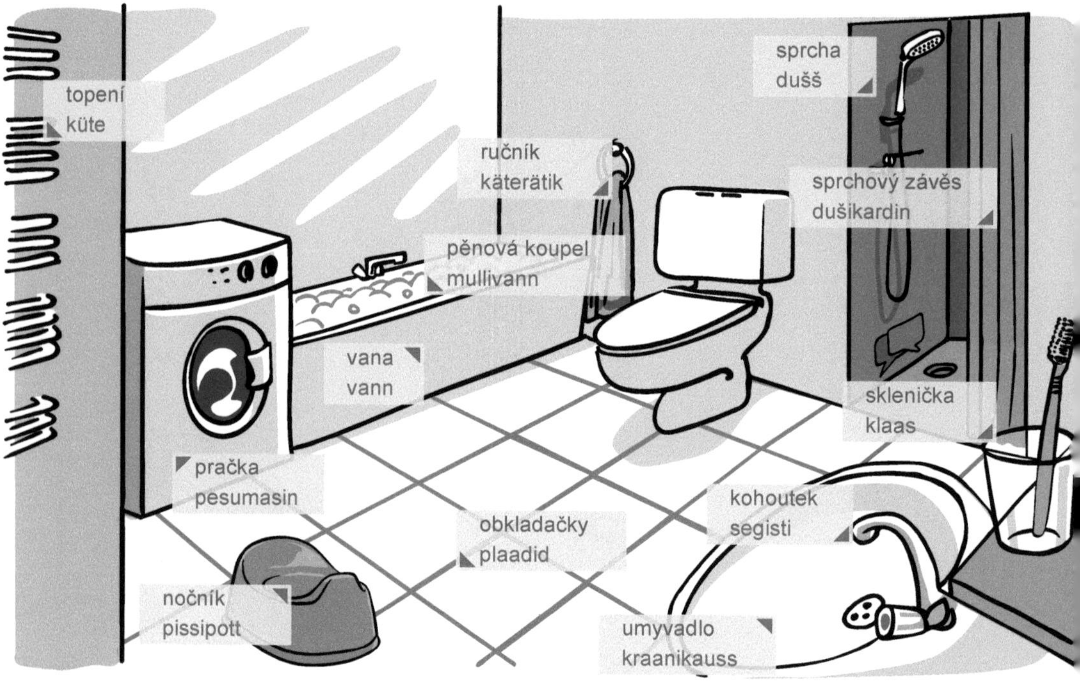

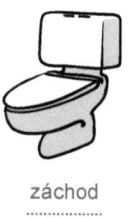

záchod

WC-pott

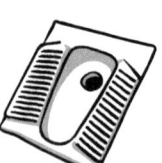

turecký záchod

kükitamistualett

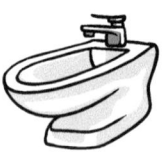

bidet

bidee

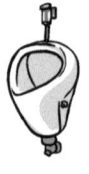

pisoár

pissuaar

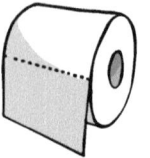

toaletní papír

tualettpaber

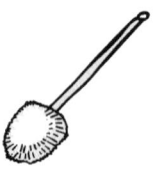

záchodová štětka

WC-hari

zubní kartáček

hambahari

zubní pasta

hambapasta

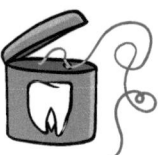

zubní niť

hambaniit

mýt

pesema

ruční sprcha

käsidušš

intimní sprcha

intiimdušš

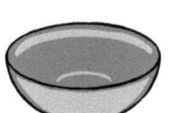

umyvadlo

pesukauss

kartáč na záda

seljahari

mýdlo

seep

sprchový gel

dušigeel

šampón

šampoon

žínka

vamm

odpad

äravool

krém

kreem

deodorant

deodorant

zrcadlo

peegel

kosmetické zrcátko

käsipeegel

holicí strojek

habemenuga

pěna na holení

raseerimisvaht

voda po holení

habemevesi

hřeben

kamm

kartáč

hari

fén

föön

lak na vlasy

juukselakk

makeup

meigikomplekt

rtěnka

huulepulk

lak na nehty

küünelakk

vata

vatt

nůžky na nehty

küünekäärid

parfém

parfüüm

taška s toaletními potřebami

tualett-tarvete kott

stolička

taburet

váha

kaal

župan

hommikumantel

gumové rukavice

kummikindad

tampón

tampoon

dámská vložka

hügieeniside

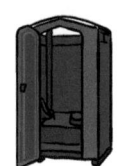

chemická toaleta

keemiline tualett

# dětský pokoj
# lastetuba

budík
äratuskell
plyšová hračka
pehme mänguasi
autíčko
mänguauto
chrastítko
kõristi
domeček pro panenky
nukumaja
dárek
kingitus

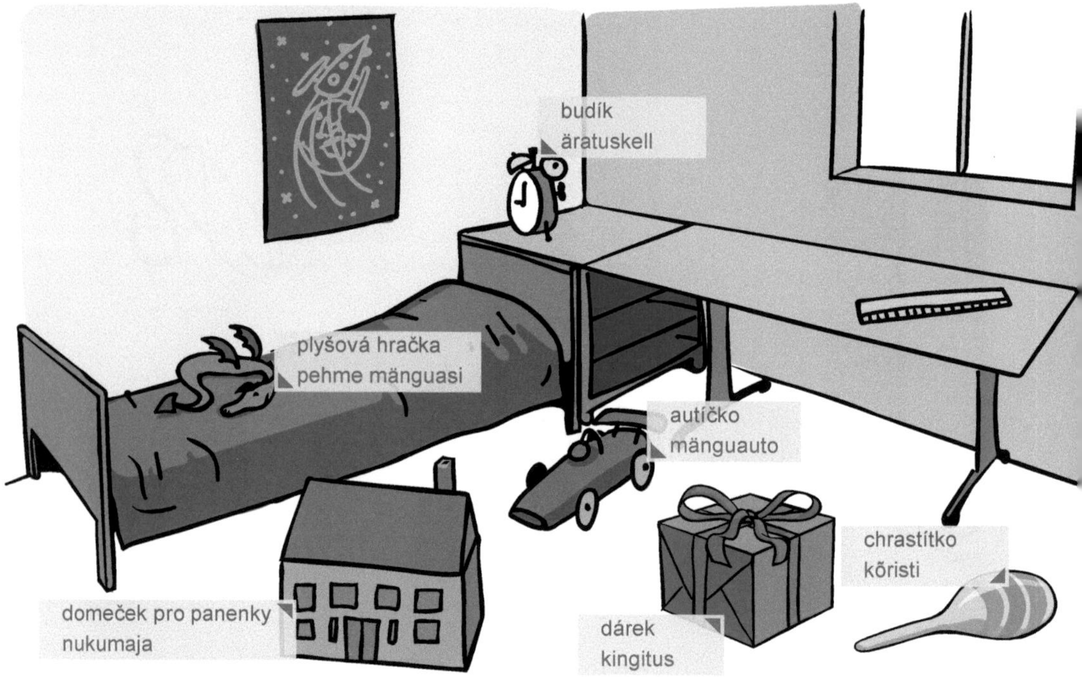

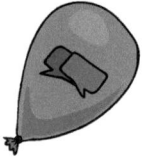

balón
õhupall

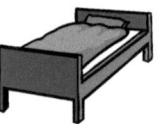

postel
voodi

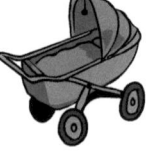

kočárek
lapsevanker

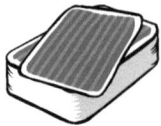

balíček karet
kaardipakk

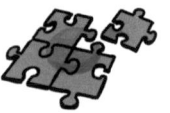

puzzle
pusle

komiks
koomiks

lego kostky

Lego klotsid

stavebnice

klotsid

akční figurka

kujuke

dupačky

siputuspüksid

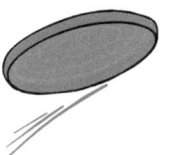

frisbee

lendav taldrik

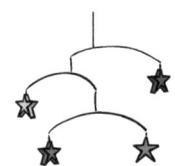

závěsné hračky nad postýlku

voodikarussell

desková hra

lauamäng

kostky

täringud

modelová železnice

mudelrong

dudlík

lutt

oslava

pidu

obrázková kniha

pildiraamat

míč

pall

panenka

nukk

hrát si

mängima

pískoviště

liivakast

houpačka

kiik

hračky

mänguasjad

hrací konzole

mängukonsool

tříkolka

kolmerattaline jalgratas

medvídek

mängukaru

šatník

riidekapp

# oblečení
# riietus

ponožky

sokid

punčochy

sukad

punčochové kalhoty

sukkpüksid

šála
sall

deštník
vihmavari

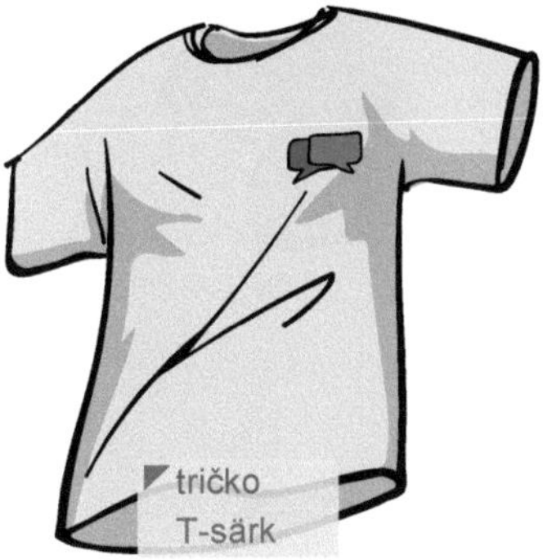

pásek
vöö

tričko
T-särk

tenisky
tossud

kozačky
saapad

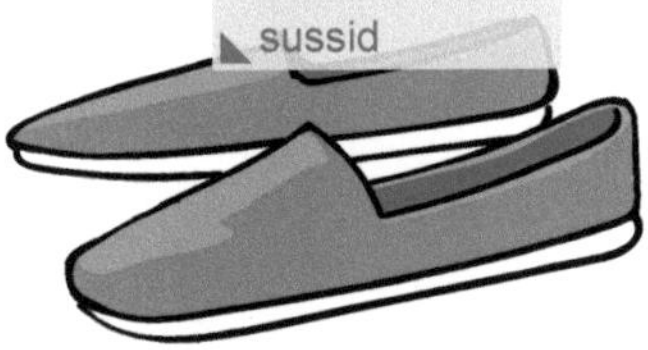

domácí obuv
sussid

sandály
sandaalid

obuv
jalatsid

holínky
kummikud

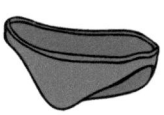

spodní prádlo
aluspüksid

podprsenka
rinnahoidja

nátělník
vest

body

bodi

kalhoty

püksid

džíny

teksapüksid

sukně

seelik

blůza

pluus

košile

särk

svetr

sviiter

mikina

dressipluus

blejzr

bleiser

bunda

jakk

kabát

mantel

pláštěnka

vihmamantel

kostým

kostüüm

šaty

kleit

svatební šaty

pulmakleit

oblek

ülikond

noční košile

öösärk

pyžamo

pidžaama

sárí

sari

šátek na hlavu

pearätt

turban

turban

burka

burka

kaftan

kaftan

abája

abayah

plavky

ujumistrikoo

pánské plavky

ujumispüksid

kraťasy

lühikesed püksid

tepláková souprava

dressid

zástěra

põll

rukavice

kindad

knoflík

nööp

brýle

prillid

náramek

käevõru

náhrdelník

kaelakee

prsten

sõrmus

náušnice

kõrvarõngas

čepice

nokamüts

ramínko

riidepuu

klobouk

kaabu

kravata

lips

zip

tõmblukk

helma

kiiver

kšandy

traksid

školní uniforma

koolivorm

uniforma

vormirõivad

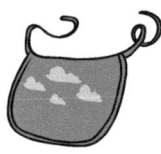

bryndák

pudipõll

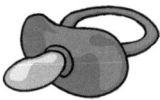

dudlík

lutt

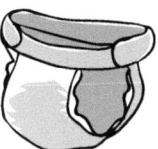

plena

mähe

# kancelář

# kontor

server
server
kartotéka
arhiivikapp
tiskárna
printer
papír
paber
monitor
monitor
psací stůl
kirjutuslaud
myš
hiir
šanon
kaust
klávesnice
klaviatuur
židle
tool
odpadkový koš na papír
paberikorv
počítač
arvuti


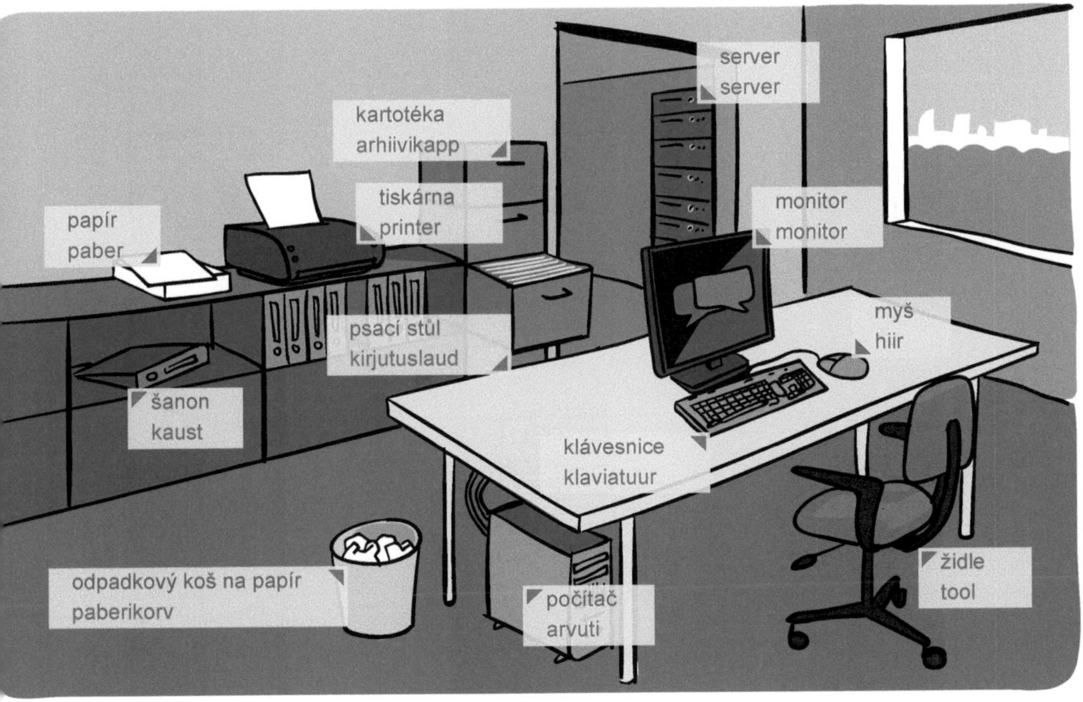

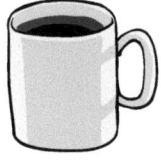

hrnek na kávu

kohvikruus

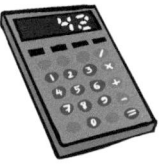

kalkulačka

kalkulaator

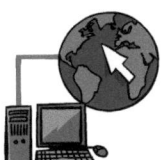

internet

internet

notebook

sülearvuti

dopis

kiri

zpráva

sõnum

mobil

mobiiltelefon

síť

võrk

kopírka

koopiamasin

software

tarkvara

telefon

telefon

zásuvka

pistikupesa

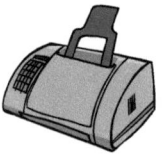

fax

faksimasin

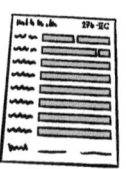

formulář

vorm

dokument

dokument

nakupovat

ostma

zaplatit

maksma

jednat

vahetama

peníze

raha

dolar

dollar

euro

euro

jen

jeen

rubl

rubla

frank

Šveitsi frank

juan

renminbi jüaan

rupie

ruupia

bankomat

sularahaautomaat

směnárna

valuutavahetuspunkt

zlato

kuld

stříbro

hõbe

olej

nafta

energie

energia

cena

hind

smlouva

leping

daň

maks

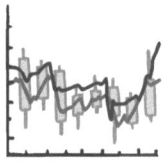

akcie

aktsia

pracovat

töötama

zaměstnanec

töötaja

zaměstnavatel

tööandja

továrna

tehas

obchod

kauplus

policista
politseinik

hasič
tuletõrjuja

pilot
piloot

kuchař
kokk

lékař
arst

zahradník
aednik

truhlář
puusepp

švadlena
õmbleja

soudce
kohtunik

chemik
keemik

herec
näitleja

řidič autobusu

bussijuht

řidič taxi

taksojuht

rybář

kalamees

uklízečka

koristaja

pokrývač

katusepaigaldaja

číšník

kelner

myslivec

jahimees

malíř

maaler

pekař

pagar

elektrikář

elektrik

stavební dělník

ehitaja

inženýr

insener

řezník

lihunik

klempíř

torumees

listonoš

postiljon

voják

sõdur

architekt

arhitekt

pokladní

kassapidaja

florista

lillemüüja

kadeřník

juuksur

průvodčí

piletikontrolör

mechanik

mehaanik

kapitán

kapten

zubař

hambaarst

vědec

teadlane

rabín

rabi

imám

imaam

mnich

munk

duchovní

preester

# nářadí
# tööriistad

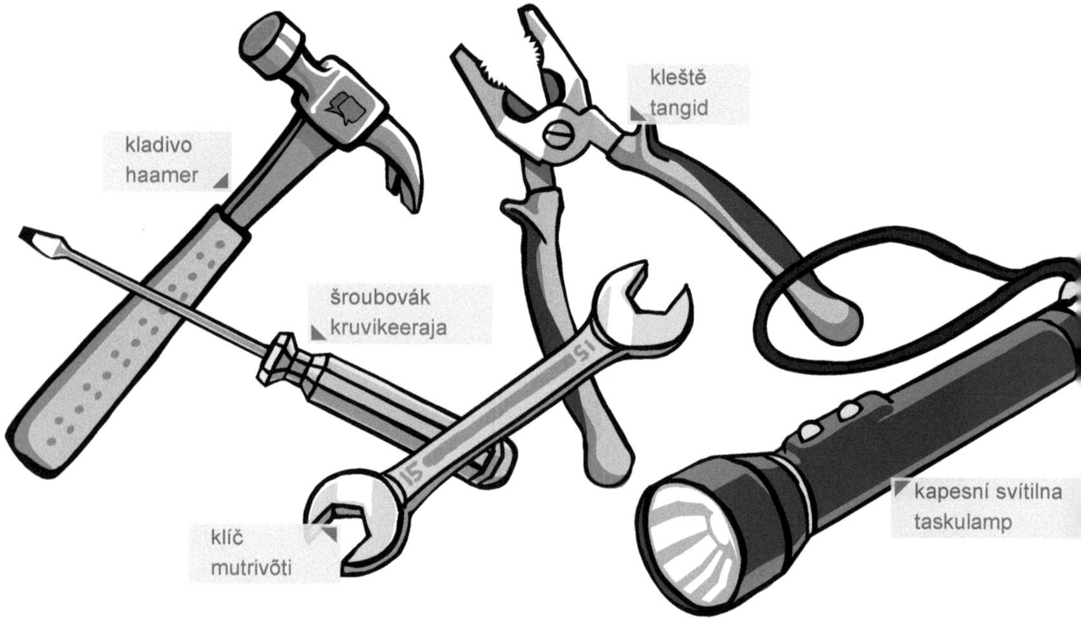

kladivo
haamer
kleště
tangid
šroubovák
kruvikeeraja
klíč
mutrivõti
kapesní svítilna
taskulamp


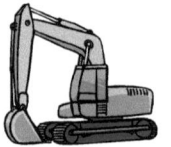

bagr

ekskavaator

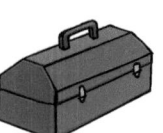

skříň na nářadí

tööriistakast

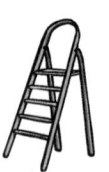

žebřík

redel

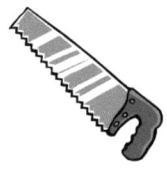

pila

saag

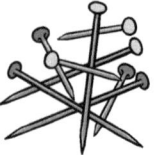

hřebíky

naelad

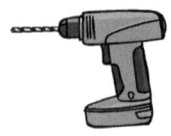

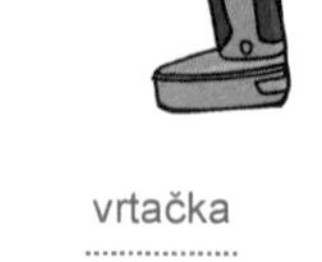

vrtačka

trell

opravit

parandama

lopata

labidas

Kurva!

Põrgusse!

lopatka

kühvel

vědroé na barvu

värvipott

šrouby

kruvid

## hudební nástroje
## pillid

bicí
trummikomplekt

reproduktor
kõlar

kontrabas
kontrabass

trubka
trompet

kytara
kitarr

klavír

klaver

housle

viiul

basa

bass

tympán

timpan

bubny

trummid

keyboard

süntesaator

saxofon

saksofon

flétna

flööt

mikrofon

mikrofon

# zoo
# loomaaed

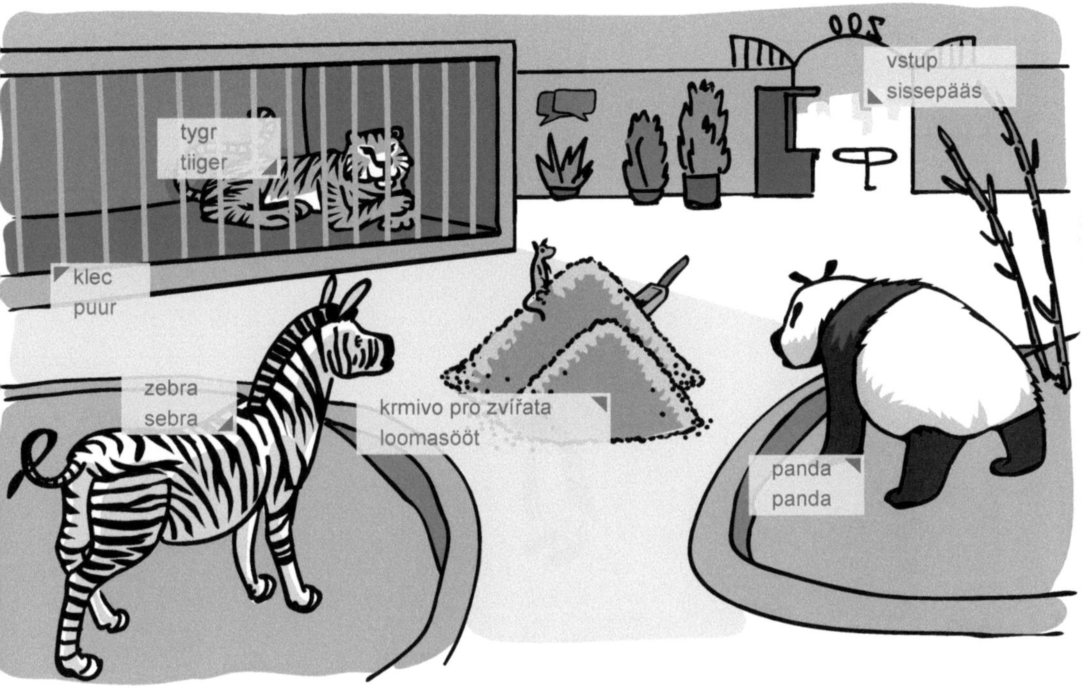

vstup
sissepääs
tygr
tiiger
klec
puur
zebra
sebra
krmivo pro zvířata
loomasööt
panda
panda


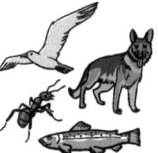

zvířata

loomad

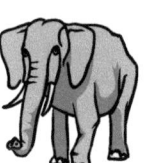

slon

elevant

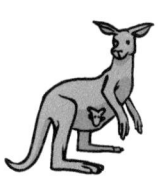

klokan

känguru

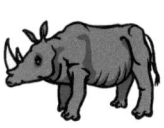

nosorožec

ninasarvik

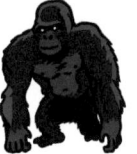

gorila

gorilla

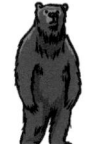

medvěd

karu

velbloud

kaamel

pštros

jaanalind

lev

lõvi

opice

ahv

plameňák

flamingo

papoušek

papagoi

lední medvěd

jääkaru

tučňák

pingviin

žralok

hai

páv

paabulind

had

madu

krokodýl

krokodill

ošetřovatel zvířat

loomaaiatalitaja

tuleň

hüljes

jaguár

jaaguar

poník

poni

leopard

leopard

hroch

jõehobu

žirafa

kaelkirjak

orel

kotkas

divoké prase

metssiga

ryby

kala

želva

kilpkonn

mrož

morsk

liška

rebane

gazela

gasell

americký fotbal
Ameerika jalgpall

cyklistika
jalgrattasõit

tenis
tennis

košíková
korvpall

plavání
ujumine

box
poksimine

lední hokej
jäähoki

kopaná
..................
jalgpall

badminton
..................
sulgpall

lehká atletika
..................
kergejõustik

házená
..................
käsipall

běh na lyžích
..................
suusatamine

vodní pólo
..................
polo

smát se
naerma

skočit
hüppama

objímat
kallistama

jít
jalutama

zpívat
laulma

snít
unistama

modlit se
palvetama

políbit
suudlema

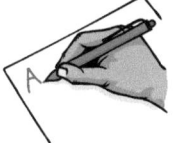

psát

kirjutama

kreslit

joonistama

ukazovat

näitama

tlačit

lükkama

dát

andma

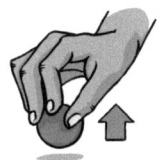

vzít si

võtma

mít

omama

dělat

tegema

být

olema

stát

seisma

běhat

jooksma

táhnout

tõmbama

hodit

viskama

padat

kukkuma

ležet

lamama

čekat

ootama

nosit

kandma

sedět

istuma

oblékat

riidesse panema

spát

magama

vzbudit se

ärkama

prohlédnout si

vaatama

plakat

nutma

pohladit

paitama

česat

kammima

hovořit

rääkima

rozumět

aru saama

ptát se

küsima

slyšet

kuulama

pít

jooma

jíst

sööma

uklidit

korrastama

milovat

armastama

vařit

süüa tegema

jet

sõitma

letět

lendama

plachtit

purjetama

počítat

arvutama

číst

lugema

učit se

õppima

pracovat

töötama

vzít si

abielluma

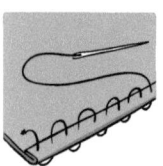

šít

õmblema

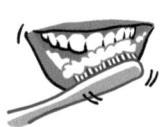

čistit si zuby

hambaid pesema

zabít

tapma

kouřit

suitsetama

poslat

saatma

# rodina
# perekond

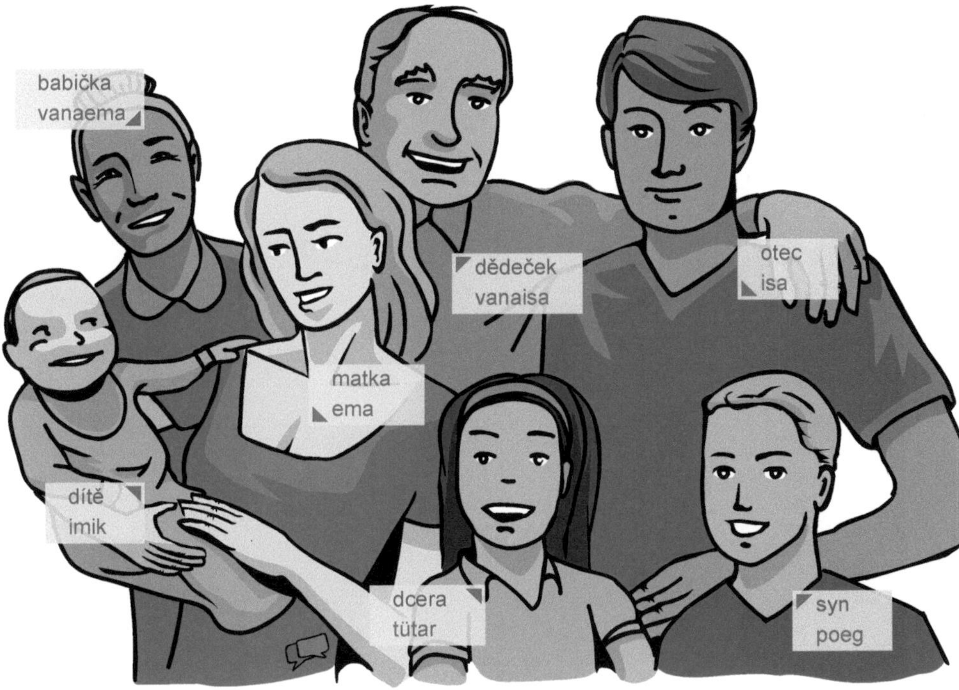
babička
vanaema
dědeček
vanaisa
otec
isa
matka
ema
dítě
imik
dcera
tütar
syn
poeg

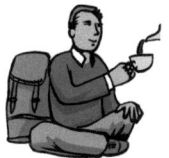

host

külaline

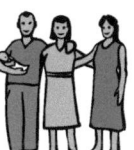

teta

tädi

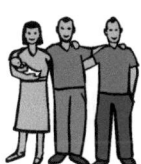

strýc

onu

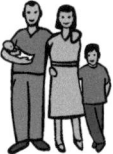

bratr

vend

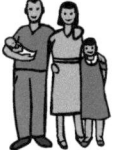

sestra

õde

# tělo
# keha

čelo
otsmik
oko
silm
rameno
õlg
prst
sõrm
obličej
nägu
brada
lõug
ruka
käsi
dolní končetina
jalg
hruď
rind
paže
käsivars

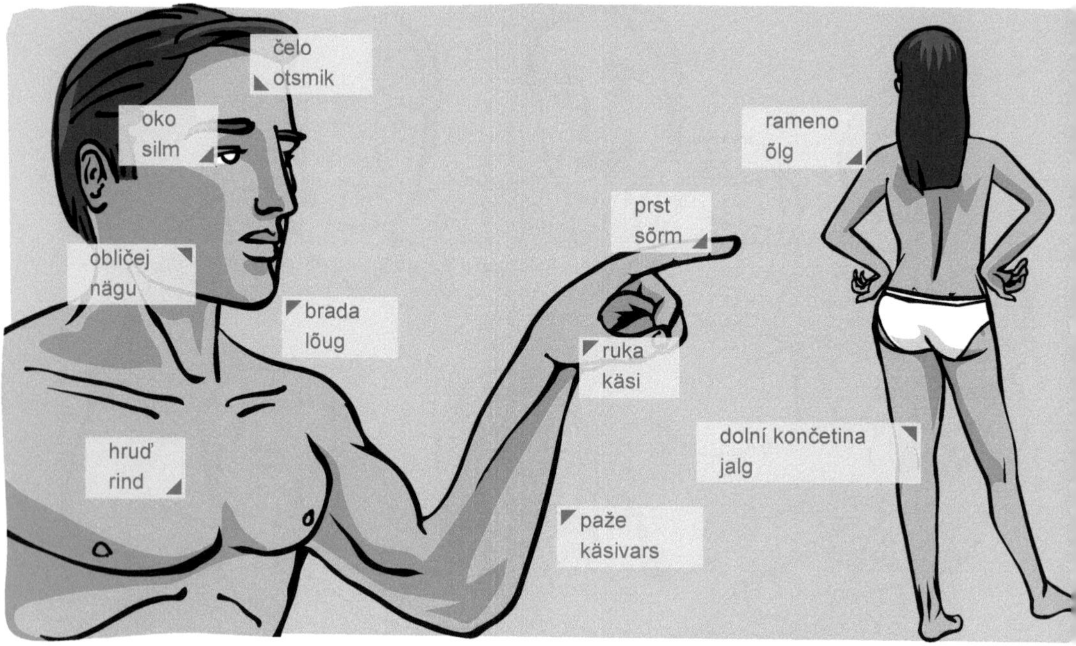

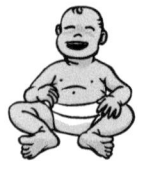

dítě

imik

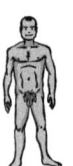

muž

mees

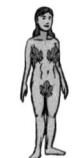

žena

naine

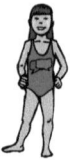

dívka

tüdruk

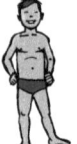

chlapec

poiss

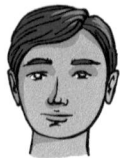

hlava

pea

záda
selg

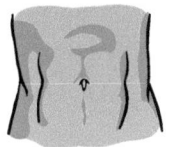

břicho
kõht

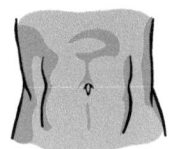

pupík
naba

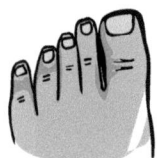

prst na noze
varvas

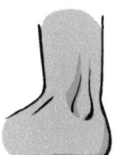

pata
kand

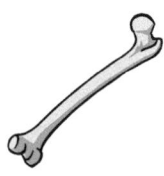

kost
luu

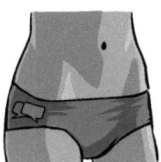

bok
puus

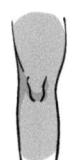

koleno
põlv

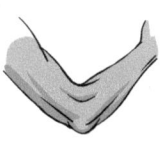

loket
küünarnukk

nos
nina

zadek
tagumik

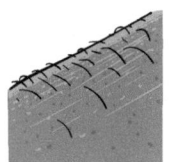

kůže
nahk

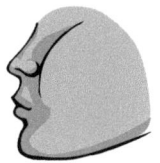

tvář
põsk

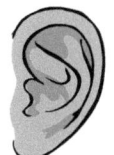

ucho
kõrv

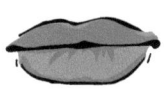

ret
huuled

tělo - keha

ústa
suu

zub
hammas

jazyk
keel

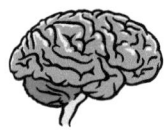

mozek
aju

srdce
süda

sval
lihas

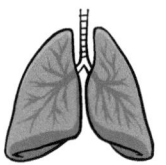

plíce
kops

játra
maks

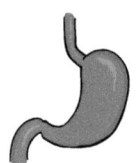

žaludek
magu

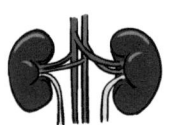

ledviny
neerud

pohlavní styk
seksuaalvahekord

kondom
kondoom

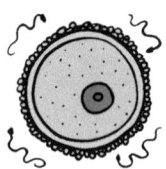

vajíčko
munarakk

sperma
sperma

těhotenství
rasedus

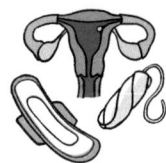

menstruace

menstruatsioon

vagina

vagiina

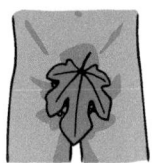

penis

peenis

obočí

kulm

vlasy

juuksed

krk

kael

# nemocnice
## haigla

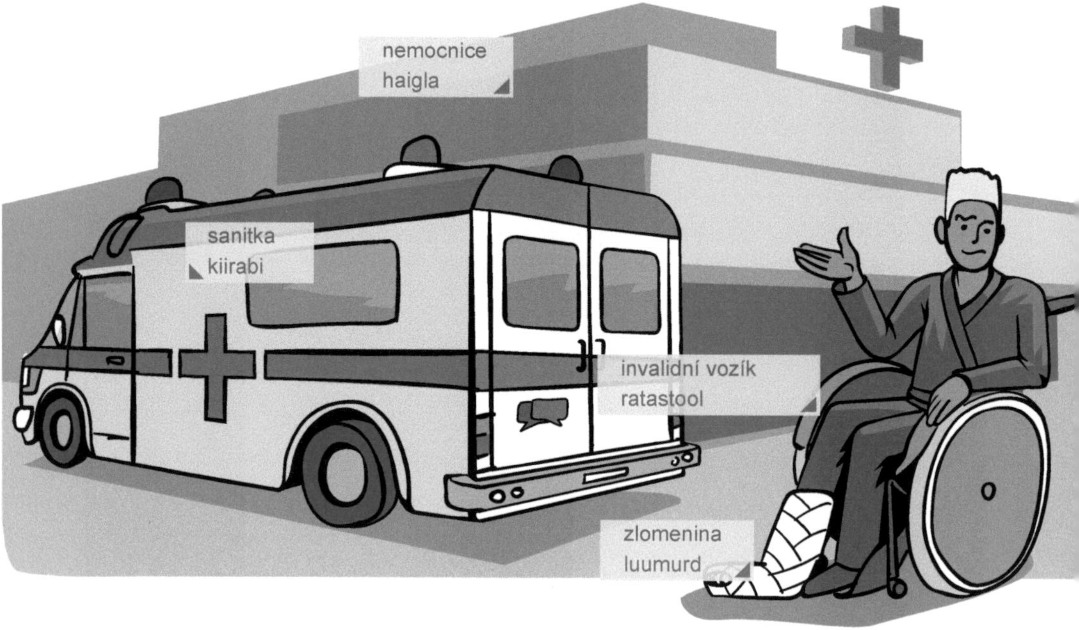

nemocnice
haigla

sanitka
kiirabi

invalidní vozík
ratastool

zlomenina
luumurd

lékař

arst

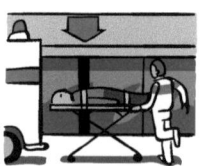

pohotovost

traumapunkt

zdravotní sestra

meditsiiniõde

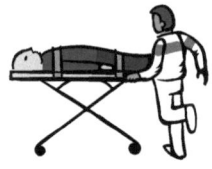

urgentní případ

hädaolukord

v bezvědomí

teadvuseta

bolest

valu

úraz
vigastus

krvácení
verejooks

infarkt myokardu
südamerabandus

cévní mozková příhoda
insult

alergie
allergia

kašel
köha

horečka
palavik

chřipka
gripp

průjem
kõhulahtisus

bolest hlavy
peavalu

rakovina
vähk

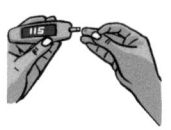

cukrovka
diabeet

chirurg
kirurg

skalpel
skalpell

operace
operatsioon

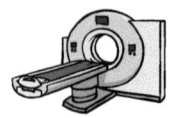

CT
KT

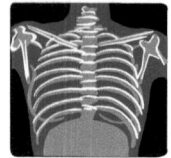

rentgen
röntgen

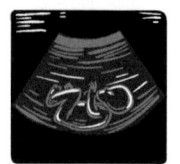

ultrazvuk
ultraheli

maska
mask

nemoc
haigus

čekárna
ooteruum

berle
kark

náplast
kips

obvaz
side

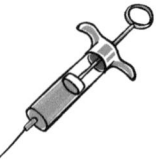

injekce
süst

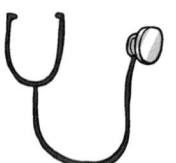

stetoskop
stetoskoop

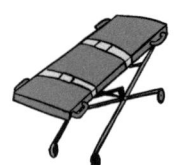

nosítka
kanderaam

teploměr
kraadiklaas

porod
sünd

nadváha
ülekaaluline

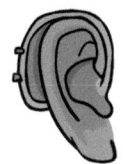

naslouchátko

kuuldeaparaat

dezinfekční prostředek

desinfektsioonivahend

infekce

põletik

virus

viirus

HIV / AIDS

HIV / AIDS

lékařství

meditsiin

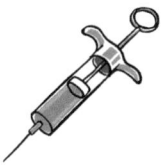

očkování

vaktsineerimine

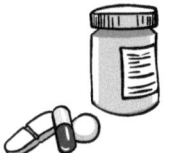

tablety

tabletid

pilulka

pill

tísňové volání

hädaabikõne

tonometr

vererõhuaparaat

nemocný / zdravý

haige / terve

Pomoc!

Appi!

poplach

häire

přepadení

kallaletung

napadení

rünnak

nebezpečí

oht

nouzový východ

avariiväljapääs

Hoří!

Tulekahju!

hasicí přístroj

tulekustuti

nehoda

õnnetus

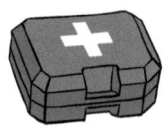

zdravotnická brašna

esmaabikomplekt

SOS

SOS

policie

politsei

Evropa

Euroopa

Severní Amerika

Põhja-Ameerika

Jižní Amerika

Lõuna-Ameerika

Afrika

Aafrika

Asie

Aasia

Austrálie

Austraalia

Atlantik

Atlandi ookean

Pacifik

Vaikne ookean

Indický oceán

India ookean

Jižní ledový oceán

Lõuna-Jäämeri

Severní ledový oceán

Põhja-Jäämeri

severní pól

põhjapoolus

jižní pól

lõunapoolus

Antarktida

Antarktika

země

Maa

pevnina

maismaa

moře

meri

ostrov

saar

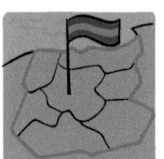

národ

rahvus

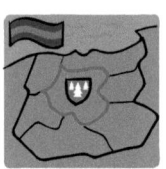

stát

riik

ciferník

sihverplaat

hodinová ručička

tunniosuti

minutová ručička

minutiosuti

vteřinová ručička

sekundiosuti

Kolik je hodin?

Mis kell on?

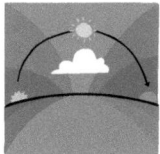

den

päev

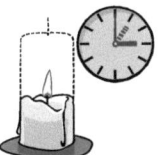

čas

aeg

teď

praegu

digitální hodinky

digitaalne kell

minuta

minut

hodina

tund

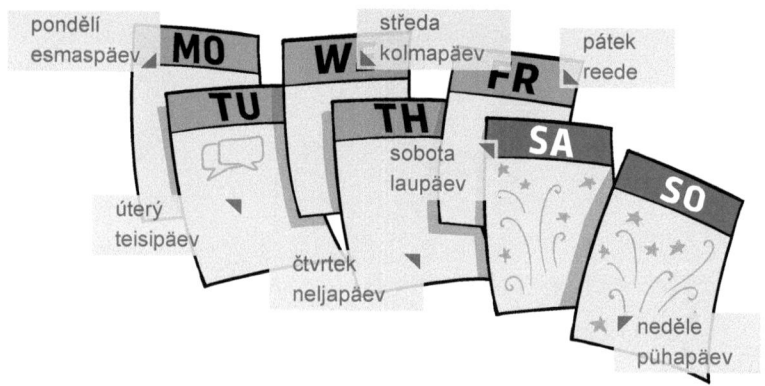

pondělí
esmaspäev — MO

středa
kolmapäev — W

pátek
reede — FR

TU

TH

SA

SO

úterý
teisipäev

čtvrtek
neljapäev

sobota
laupäev

neděle
pühapäev

včera
................
eile

dnes
................
täna

zítra
................
homme

ráno
................
hommik

poledne
................
lõuna

večer
................
õhtu

| MO | TU | WE | TH | FR | SA | SU |
|----|----|----|----|----|----|----|
| 1 | 2 | 3 | 4 | 5 | 6 | 7 |
| 8 | 9 | 10 | 11 | 12 | 13 | 14 |
| 15 | 16 | 17 | 18 | 19 | 20 | 21 |
| 22 | 23 | 24 | 25 | 26 | 27 | 28 |
| 29 | 30 | 31 | 1 | 2 | 3 | 4 |

pracovní dny
................
tööpäevad

| MO | TU | WE | TH | FR | SA | SU |
|----|----|----|----|----|----|----|
| 1 | 2 | 3 | 4 | 5 | 6 | 7 |
| 8 | 9 | 10 | 11 | 12 | 13 | 14 |
| 15 | 16 | 17 | 18 | 19 | 20 | 21 |
| 22 | 23 | 24 | 25 | 26 | 27 | 28 |
| 29 | 30 | 31 | 1 | 2 | 3 | 4 |

víkend
................
nädalavahetus

# rok
# aasta

déšť
vihm
duha
vikerkaar
sníh
lumi
vítr
tuul
jaro
kevad
podzim
sügis
léto
suvi
zima
talv


4.APRIL 11°
5.APRIL 4°
6.APRIL 13°
7.APRIL 8°
8.APRIL 10°


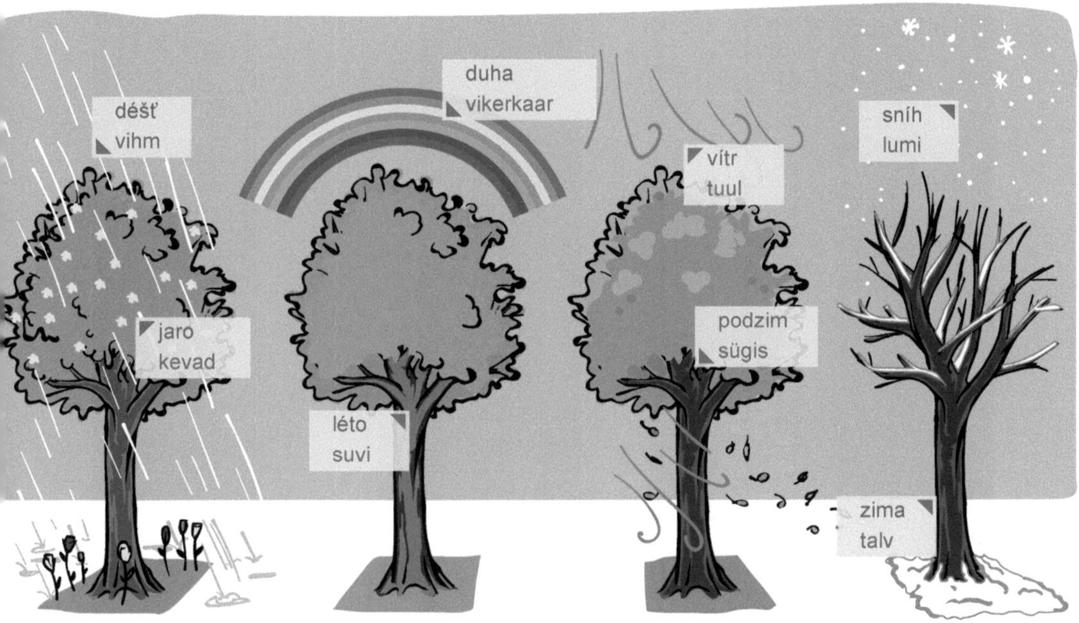

předpověď počasí

ilmaennustus

F
C
120
90
60
30
0
-30
40
30
20
10
0
-10
-20


teploměr

termomeeter

sluneční svit

päikesepaiste

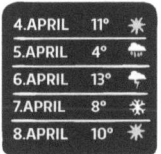

mrak

pilv

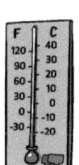

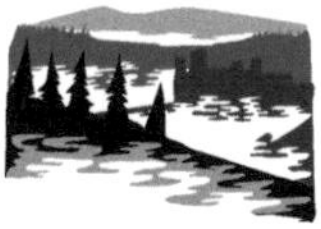

mlha

udu

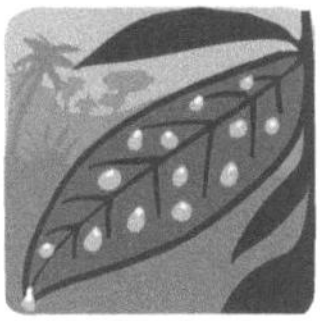

vlhkost

niiskus

blesk
pikne

hrom
kõu

bouřka
torm

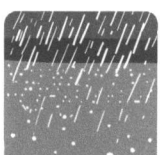

kroupy
rahe

monzun
mussoon

povodeň
üleujutus

led
jää

leden
jaanuar

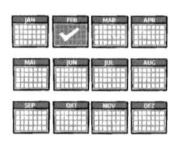

únor
veebruar

březen
märts

duben
aprill

květen
mai

červen
juuni

červenec
juuli

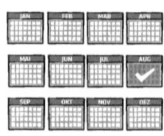

srpen
august

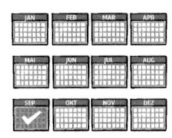

září
.................
september

říjen
.................
oktoober

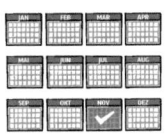

listopad
.................
november

prosinec
.................
detsember

## tvary
## kujundid

kruh
.................
ring

čtverec
.................
ruut

obdélník
.................
nelinurk

trojúhelník
.................
kolmnurk

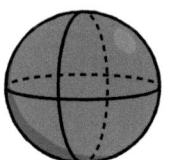

koule
.................
kera

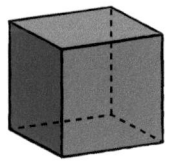

krychle
.................
kuup

bílá
valge

žlutá
kollane

oranžová
oranž

růžová
roosa

červená
punane

fialová
lilla

modrá
sinine

zelená
roheline

hnědá
pruun

šedá
hall

černá
must

hodně / málo

palju / vähe

rozzuřený / mírumilovný

vihane / rahulik

krásný / ošklivý

ilus / inetu

začátek / konec

algus / lõpp

velký / malý

suur / väike

světlý / tmavý

hele / tume

bratr / sestra

vend / õde

čistý / špinavý

puhas / must

úplný / neúplný

täielik / puudulik

den / noc

päev / öö

mrtvý / živý

surnud / elus

široký / úzký

lai / kitsas

jedlý / nejedlý

söödav / mittesöödav

zlý / hodný

kuri / sõbralik

vzrušený / znuděný

põnevil / tüdinud

tlustý / hubený

paks / peenike

nejdříve / naposledy

esimene / viimane

přítel / nepřítel

sõber / vaenlane

plný / prázdný

täis / tühi

tvrdý / měkký

kõva / pehme

těžký / lehký

raske / kerge

hlad / žízeň

nälg / janu

nemocný / zdravý

haige / terve

ilegální / legální

ebaseaduslik / seaduslik

inteligentní / hloupý

tark / rumal

vlevo / vpravo

vasak / parem

blízko / daleko

lähedal / kaugel

nový / použitý

uus / kasutatud

nic / něco

mitte midagi / midagi

starý / mladý

vana / noor

zapnutý / vypnutý

sees / väljas

otevřeno / zavřeno

lahti / kinni

tichý / hlasitý

vaikne / vali

bohatý / chudý

rikas / vaene

správný / špatný

õige / vale

drsný / hladký

kare / sile

smutný / šťastný

kurb / rõõmus

krátký / dlouhý

lühike / pikk

pomalý / rychlý

aeglane / kiire

vlhký / suchý

märg / kuiv

teplý / chladný

soe / jahe

válka / mír

sõda / rahu

| **0** | **1** | **2** |
|:---:|:---:|:---:|
| nula | jedna | dva |
| null | üks | kaks |

| **3** | **4** | **5** |
|:---:|:---:|:---:|
| tři | čtyři | pět |
| kolm | neli | viis |

| **6** | **7** | **8** |
|:---:|:---:|:---:|
| šest | sedm | osm |
| kuus | seitse | kaheksa |

| **9** | **10** | **11** |
|:---:|:---:|:---:|
| devět | deset | jedenáct |
| üheksa | kümme | üksteist |

**12**

dvanáct

kaksteist

**13**

třináct

kolmteist

**14**

čtrnáct

neliteist

**15**

patnáct

viisteist

**16**

šestnáct

kuusteist

**17**

sedmnáct

seitseteist

**18**

osmnáct

kaheksateist

**19**

devatenáct

üheksateist

**20**

dvacet

kakskümmend

**100**

sto

sada

**1.000**

tisíc

tuhat

**1.000.000**

milion

miljon

angličtina

inglise

americká angličtina

Ameerika inglise

standardní čínština

mandariini

hindština

hindi

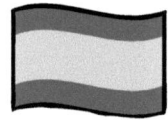

španělština

hispaania

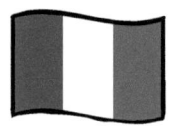

francouzština

prantsuse

arabština

araabia

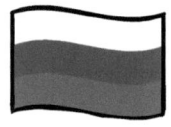

ruština

vene

portugalština

portugali

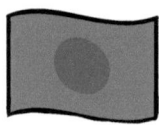

bengálština

bengali

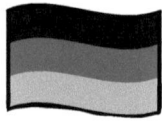

němčina

saksa

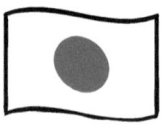

japonština

jaapani

já

mina

ty

sina

on / ona / ono

tema

my

meie

vy

teie

oni

nemad

Kdo?

kes?

Co?

mis?

Jak?

kuidas?

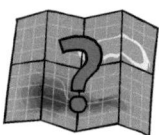

Kde?

kus?

Kdy?

millal?

jméno

nimi

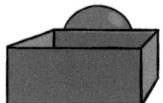

za

taga

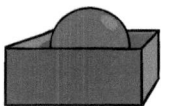

do

sees

z

ees

nad

kohal

na

peal

mezi

all

vedle

kõrval

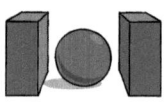

mezi

vahel

místo

koht